하나씩
꺼내먹는
나이가 즐겁다

하나씩 꺼내먹는 나이가 즐겁다

三仁 임성자 시집

무량수

최고가 아니라도 정상까지는 가고싶다.
마지막 생애 꿈이란다.
어쩌면 많은 욕심인지 모르겠지만
소망은 이루고 싶다.

글쓰기를 좋아해서 늘 동경해왔지만 생활이 저에게 시간을 허락하지 않았습니다.

결혼 후, 한 가정의 아내와 어머니로서 집안일을 하면서도 틈틈이 붓글씨와 사군자를 배우고 익혔습니다. 자식들 대학 공부와 결혼까지 시키고 부모님 먼 길 보내드리고 그 사이에 세월이 많이 흘러 이제야 제가 하고 싶었던 공부를 하게 되었습니다. 한 점 부끄럽지 않은 어머니로서 자리매김하고 싶었습니다.

남편과 자식들의 도움으로 검정고시에 도전하여 이순의 나이에 대학생이 되었고 늦었지만 대학 졸업장이 저의 가슴을 뿌듯하게 만들었습니다.

부족하고 서툴지만 칠순을 앞두고 등단한 일이 저에게는 기쁨이며 이루 말할 수 없는 큰 영광입니다.

아직 성숙하지 못하지만 작은 시집을 내게 되었습니다. 많은 관심을 가지고 도움주신 문우들 덕분에 제가 용기를 낼 수 있었습니다. 시집을 내기까지 도와준 남편과 딸 아들, 며느리, 사위와 손주에게도 고마운 마음을 전하고 싶습니다.

특히, 부산대학교 명예교수이신 최원철 박사님의 이끌어 주심에 감사드립니다.

칠순에 이 작은 시집을 내게 된 것이 저에게 큰 행복을 안겨다 줍니다. 소소한 일상을 녹여내는 다정다감한 시인이 되겠습니다.

'하나씩 꺼내먹는 나이가 즐겁다' 를 시작하며...

2016년 봄날 임성자

차례

1 또 다른 입학

2

텃새

3 후회 없이 날고 싶다

4 어느 날의 일기

1부

또 다른 입학

아름다운 목련 향기가 가득하다 —그림 임성자

기다리는 수요일

새벽을 밟고 나서는 발걸음
마음이 먼저 앞을 걷는데
약속 장소가 뒤에서 멍하니 쳐다본다

각자의 삶은 젊음을 깎아먹고
실타래처럼 엉켜버린 그리움만
뒹굴었다

세월의 흔적만 뚜렷이 안은 얼굴들
여유로운 만남은 웃음을 자아내고
추억이 어느새 곁에 와 벗이 된다

이제, 몸도 마음도 쉬어야할 나이
어깨의 무거운 짐을 모두 내려놓고
허물없는 담소가 매우 달다

고추

바람과 햇볕을 벗처럼
흰 구름을 이불처럼
함께한 세월

고추라는 이름으로
놀림받고 자랐지만
붉게 물든 노을처럼 예쁘기만 하다

매콤한 향기와 영롱한 자태
풍선처럼 부푼 가슴
무영탑처럼 내 마음에 비치는 모습

입가를 아무리 붉게 칠해도
나오는 소리가 거칠면 무엇하리
고추 같은 붉은 마음 참선하며 살고 싶다

모닝콜

하루를 지탱해야할 에너지 소모가 끝나고
깊은 잠 속에 빠져버린 일상
내일이면 로봇처럼 일을 해야 한다

꿈속에서도 일을 하는
진정한 휴식조차 아까운 시간
틈새 비집고 책상에 앉아보면
잠재웠던 아기는 옆에 기어온다

낮도 밤이고
밤이 곧 낮이었건만
진정한 삶을 깨울 아침이 있었던가

얼마나 지쳤으면
모닝콜이 필요할까
동트기 전 일어나 로봇 되어 길을 나선다

범어사

불상의 은은한 눈빛 아래
대웅전 법당에서
두 손 모은다

이곳에 들어서면
소원도 안개처럼
백팔번의 번뇌에 빠진다

사방팔방으로 둘러싸인
부처님의 향기에
보살들 드나들 때
미소를 띄운다

새로운 것이

새 돈을 세면
빳빳한 느낌 산뜻한 촉감
지갑에 오래 두고 싶다

새 옷을 갈아입는 대지는
고상하고 포근한 느낌을 주고

빳빳하게 풀을 입힌 홑이불도
감기지 않는 센 자존심

모든 것이 새로운 새해 첫머리
아버지가 주신 세뱃돈
이부자리 펼 때마다 생각이 난다

노트북

인간이 만든 기계에 노예 되어 허덕이는
기억만이 실려있는 어긋난 뇌세포들
깊은 늪에서 헤맨다

노안은 희뿌연 안개에 잠겨도
발자국 찾으려 헤매는 배움은
오늘도 술래잡기를 시작한다

마우스에 붙들린 글자와 그림들
어쩌면 나의 삶이 생각된다

자정이 넘도록 거북이걸음으로
기억을 깨우고
굳어있는 손가락으로
훈민정음 한 자 두 자에 마음을 싣는다

변덕

오다 말다
불다 말다
제멋대로 사는 버릇
누가 좋아하랴마는
변화가 없으면 지루한 세상

헤어지기 위해서 만남이
웃기 위해선 울음이 필요한
연민의 정
어찌하면 변화에 순응할 수 있을까

하루를 살아도
먹구름은 흐르고
시어머님 소리가 높아져가지만
무아의 경지에서 참선을 한다

등단 설렘

칠순이 설렌다

습작으로 남긴 글
아름다운 시를 엮어
시인으로 등단되어
칠순을 바라보는
할미꽃이 웃는다

미숙함도 무릅쓰고
문우들 축하 가족 축하
설렘 안고 날아온
귀여운 날개들
할미품에 안긴다

두려움이 살짝
귓가에 앉으며
어깨 위 무거운 짐
가슴속에 채워 담아
삶에 흔적 싹틔울
많은 노력 하련다

또 다른 입학

눈이 멀고
뇌세포가 활발하지 못해도
꾸준히 노력하면 못할 게 무엇 있을까

검정고시
대학입시 생각하며
도전장 던져보는 마음을 북돋우는 나의 딸

서예도 나이 들고
시작품(詩作品)이 나이가 들어도
살아온 기력을 다 바쳐서
해보고 싶은 맘 하늘같다

한 점 한 점 배워서
껍질을 버리고
알맹이는 모으고
차곡차곡 다듬어서 보석처럼 빛내련다

마지막 길목에 선
나 자신을 돌아보며
또 다른 입학을 시도해 본다

식목일

어릴 때
산에다 나무 심고
물을 주며 밟아주었다

떨어진 솔잎을
양식처럼 이고지고 집에 돌아와
밥 짓고 군불 때고 살아왔건만

과학이 발달하여 성냥 없이 불을 켜고
버튼만 눌러도 뜨거운 물 데우는
편한 세상 되었다

아무리 편해도 심어야 할 것은
새들이 노래하고
생명이 숨 쉬는 숲을 이룰 나무이기에
가꾸고 가꾸면 부유해질 우리의 미래

습작(習作)

보고 느낀 미완성
하얀 종이 위에
검은 수를 놓은 연필

숲 속의 작은 바람 소리 들으려
숨 고르고 귀 기울이면
마음속에 잠자던
또 다른 소리 들리지 않을까

뭉툭해진 연필심과
손가락 끝 작은 나이테에
검은 이랑 가득 채우고

씨 뿌리고 김을 매면
꽃 피고 열매 맺을 날
오지 않을까

숲길 산책

숲 속 따라 걷는 일
좋아하는 이유가 여기에 있다

흔들리는 나뭇잎 소리
귓전에 내려앉고

신록이 내뿜는 신선한 향기
그님이 풍기는 향내 같아
언제나 그리운 품속이 생각난다

시원한 바람이 길을 열면
엇갈리는 잎들 사이 햇살이 스며들어
가끔 하늘을 보면 마음이 즐겁다

한나절의 푸르름이
마음속에 흐르는 푸른 강물 되어
젊음을 또다시 숲길에서 건진다

햇볕 드는 방

햇볕이 유리창을 지나
나의 볼에 붉게 내린다

움츠렸던 어깨와 몸
마음조차 따뜻해진다

안경을 끼고 밖을 내다보니
골목에 바람들이 햇볕에 쫓겨 달아난다

환하게 밝아온 빛은
그림자로 글을 쓴다

창문을 열면

예쁜 시를 보고
마음 문을 열어볼 때
새로운 세상이 가까이 있었네

뒷집 흰둥이 볼 적마다 관심 없이 쳐다보다
반가운 표정에
꼬리가 아프도록 흔들며 다가오듯

맘 깊숙이 지키고 있던 침묵이
밖으로 나와서
주위를 아름답게 보게 하네

창문을 열면
자연이 보이고
시(詩)가 보이네

수국을 닮은 꽃

뭉실뭉실 탐스럽게
수국이랑 불두화가 매우 닮았네

언덕이나 정원에
아름드리 피어
불자마음으로 기도를 하네

무덤덤하고 지친 발걸음
꽃 앞에 서서
벌 나비 쉬어가듯 멈추어 보네

사월 초파일
절이나 암자에 연등처럼 피어있는 불두화
무슨 사연 그리도 많은지 부처님께 빌고 빌까

불자의 소원성취
두 손 모아 빌어줄까

역행

모두가 가는 길 함께 가야하지만
나는 반대로 걸어야한다
멀고도 먼 길
굽이굽이 돌아왔건만
마음이 왠지 어려지고 있다

조용한 시간에 명상을 하고
바쁜 시간은 창밖의 움직이는 세월을 본다
너무 빠르다
기억조차 흐트러지는 길모퉁이에서
나는 굳어버린 손가락으로
연필에 침을 묻혀가며
내 마음을 종이 위에 옮긴다

걸어온 발자국마다 성찰의 시간을 가져본다
삶의 역행일지 모르지만
육신은 늙어가나

삶의 희망이 싹트는
젊은 시를 쓰고 싶다

칠순을 바라보며

아침에 뜬 해가
서산으로 넘어가는 길목
가지에 걸린 해를 보니 시간이 아깝다

한 권의 책 속에
꽃다운 마음을 담기 위해
세월을 두드리고 깨우면서 흔적을 더듬는다

가파른 푸른 산에
모질고 험한 삶
단풍이 들 때에 쓸쓸함이 찾아든다

남은 인생 적지만
마지막 옹달샘에
시를 푼다

2부

텃새

작은 동산에 모란국화, 흰국화 구월의 향기 – 그림 임성자

텃새

딸은 출가하여 없어도
남아 있는 친정 식구
강산이 바뀌어도 옛집을 지키고 있네

가끔 찾아가는 친정 길에
산새도 들새도
날 반기며 노래 부르네

멀리 떠나 있는
몸이지만
마음만은 텃새 되어 고향에 머무네

외인이 된지 오래되어
조상의 묘소도 자주 뵙지 못해
부끄러움 가득 안은 철새가 되었네

갈맷길 따라

갈맷길 따라 해변에 비춰지는
하늘과 파도
마음에 파문을 일게 한다

산줄기에 흐르는 가을이
눈앞에 다가오면
온통 아름다운 옷을 갈아입는 나무들
마지막 풍요의 향연을 베푼다

무지개 향해 달린 젊은 시절에
이루지 못한 숱한 희망을
갈맷길 따라가며
하나씩 하나씩 정리를 해본다

걸음을 뗄 때마다
변해가는 잎새들
갈맷길도 점점 이야기 속으로 들어가고 있다

놀이터

아담한 숲 속 운동장
나무들은 모두 다
채색을 마무리한 채
겨울을 맞는다

날지 못하고 먼 길 걸어온 새 한 마리
외로이 서서
뒤돌아온 길을 보며 서성이는데

작은 새끼 새들은 놀이터에서
영문도 모르는 채
봄 햇살 기다리며
지껄이고 있다

김장하던 날

알찬 배추 반 갈라
절이는 소금
맛깔스런 양념
노란 몸에 느끼는 시련

내 몸 하나 고된 하루
앞치마에 손을 닦고
피곤이 엄습해도

테이블 위에 얹어 놓은
김치는
온 식구들을 기쁨으로 몰아넣는다

김치통에 꼭꼭 채운
월동준비가
이토록 행복인줄 어찌 알건가

수영강

물결을 가르며
바람을 안고
파도 위를 넘나들며 서핑하는 선수들
어제와 오늘이 합쳐지는 곳에서
무리지어 내일을 향한다

물결이 저녁놀에 물들 때
누구나 가야하는 목적지
숨돌릴 틈 없이
꼬리를 흔들며
지느러미로 노를 젓는다

수영강 어귀에는
고독할 시간이 없고
절망도 없다

물새 떼

잔잔한 강물 위에 까만 물새 떼
노란 주둥이 물밑을 오가며
바쁘게 움직인다

가끔
한가하게 떠 있는 모습은
한낮에 낮잠 자는 선비와 같다

무엇을 꿈꾸며 생각하고 있을까
열심히 일하여 많은 돈 모아
고향에서 행복하게 지낼 생각이겠지

벌써 찾아오는 겨울에
내년이면 다시 오마 약속하듯이
소리 지르며 떼를 지어 떠나가는 물새 떼

하늘에 뜬구름이 떠나간 자리에
살며시 물결 위에 내려와 앉는다

내 딸, 며늘아기에게

곱디고운 얼굴에 하얀 미소로
내 품으로 날아온 지 십여 년이 넘었구나
아무리 좋은 시어머니
낳아준 어머니 같으랴마는
이제는 장맛도 입맛도 우리 식구 되었으니
사랑하지 않을 수가 없구나

세상물정 모르는 철없던 시절
바보같이 살아온 거친 시집살이도
세월 따라 바람 따라 어제같이 지나가고
너를 맞은 기쁨에 웃을 날도 오더구나

사랑하는 내 딸 며늘아기
바다 같은 마음으로 서로를 이해하고
폭넓게 감싸니 천국이 따로 없구나

부모님 오시는 날

멀리 가신 부모님
오시는 날
촛불과 향 피워놓고
정성으로 차려놓은 음식 뒤에는
사군자 병풍을 둘러놓았습니다

삼대가 한자리 모여
술잔과 큰절을 올리며
부모님께 축문을 읊으면서
눈시울을 적십니다
생전에 계실 적에 못다한 효도
조상, 명절 모시는 오늘에라도
마음 편히 드시고 가시옵소서

보잘것없는 솜씨에도
흐뭇해하실 줄 믿고 싶은 이 마음
피어오르는 향불에 올려드립니다

사돈(査頓)

하늘이 맺어주신 사돈
참으로 귀한 인연인가보다

이십여 년 간 보듬고 키워서
며느리로 보내는 마음 뉘가 알건가

사위도 마찬가지 같은 처지이기에
이 같은 인연이 어디 있을까

때로는 친구 되고
형제처럼 지내는 참으로 좋은 인연

사돈은 가깝고
사돈안방이라는 말은 멀다

어느 한의원

경희한의원을 다녀와서

흐린 날
마음도 몸도 흐려지면
찾아가는 곳

하얀 가운에 미소 짓는 얼굴
문턱에 들어서면
벌써 편안한 맘을 가지게 된다

거쳐 가는 손길 위에 정성이 흐르면
아픔도 물러가고
새로운 에너지가 솟아나는 신기한 치유

힘 다하여 쌓아놓은 지식을
아픔과 고통에 시달리는 사람들 위해
인술을 펴는 모습은 하늘같이 높다

엄마니까

재수생을 둔 딸에게

조금 힘들면 어때
한 해 늦었다고 생각하자
한 살 적다고 생각하자

일년도 아닌 몇 달이야
더 많은 경험해보라는 듯
서로가 참고 기다리자

짜증 부려도 들어주고
투덜대도 들어주고
앙살 부려도 들어줘라
엄마니까

찻잔 속 커피향처럼
군고구마 라떼 향처럼
웃음의 향으로 가득 채워라

발틀

살림 나와 맨 먼저 너를 만나
지금도 변함없이 마주 보고 있다

젊을 때는 색깔 천 위를 잘도 달렸지
사십오년 돌고 도니 몸도 마음도 지쳐
걸음도 휘청휘청 세월만 보냈다

남은 인생은 거북이같이 걸어도
옛정이 그리워
가끔 너와 함께 길을 걷게 되구나

요리의 생명

요리가 요리사를 가르치면
예술이 되고 명장이 된다

가치와 감수성을 담아 표현할 때
멋진 예술가로 인정한다

접시 위에 놓여있는
손끝으로 만들어진 조각품
생명이 싹트고 꽃이 피는 순간
감탄의 박수소리 높아만 간다

참다운 가치와 징싱을 담아
서비스하는 손길
고객은 요리하는 명장의 혼을 읽는다

오이 모종

파란 오이 모종
담 밑에서 하루를 재우면
겨우 얼굴을 든다

노란 입술을 밖으로 뾰족이 내밀 때
나비가 날아와 입맞춤하면
깨어나는 잎들 사이 꽃들이 부끄럽다

밤이 오면 그리움을 달래려고
별을 보고 손 내미는 넝쿨은
겨우 담을 타고 오르면

어느새 별이 물러가고
햇볕 내리는 아침이 되어
사랑으로 일궈놓은 길쭉한 오이들이
주렁주렁 맺힌다

운동회

초등학교 운동회에 북소리 터지고
학생들의 함성이 퍼져나갈 때
지신 밟는 꽹과리 소리 높아만 간다

반백년을 한동네에 뿌리내리고 살았으니
자식들 한 학교에서 줄줄이 졸업하고
대를 이어 손자 손녀 학교에 지킴이 됐다

팡팡 터지는 플래시 앞에
얼굴에 땀방울이 흘러내리고
아빠 엄마는 선배
아들딸은 후배 되어 응원단이 되었다

동심으로 돌아가는 어르신 게임
제기차기 공굴리기
손자 손녀의 합동운동회가
한바탕 잔치였다

사위와 딸의 둥지

예전에는
반딧불이 향연에서 글을 꽃피웠고
이제는
촛불을 거쳐 뜨거운 열기로 공부를 한다

새벽부터 밤 늦게까지
눌러야 하는 가정방문 초인종
신발이 닳고 마음마저 고되지만
젊음을 불사르며 얻어지는 기쁨

기다리는 새싹들 가슴에
오늘은 어느 나무에 물을 줄까
두 부부가 들고 있는 물뿌리개에는
깨끗한 물들로 가득 채워있다

별빛 내리는 깊은 밤
가구며 어린 새들로 채워질
새로 튼 둥지는
금빛 날개 달고 올 주인을 기다린다

제비

머나먼 남쪽 나라에서 찾아온 손님
전선줄에 앉아 쉬고 있는데
좀처럼 집지을 곳을 찾기 힘들다

남의 집 처마에
흙과 지푸라기를 물고 와
둥지를 짓기에 바쁘다

더운 여름 잠시 머물다 떠나야 하는데도
행복이 무엇이기에
나그네 되어 살아야 하는지
잠시 왔다 떠나야하는 제비같아
나 자신이 슬프다

택배

하얀 아이스박스가 이름표 달고
나를 찾는다

바다를 안고 온 짭짤한 바지락
파도 이야기며 갈매기 이야기를 들려준다

뽀얀 진국 맛
보글보글 찌개용
어머니 손맛은 신비한 해무 같다

바다랑
갯벌이랑
모두가 택배로
바다에서 육지로 오가고 있다

황금색 비밀

둥글넓적한 단호박에
구슬 같은 새알 넣고 걸쭉하게 끓여서
물김치와 먹으면 시원한 맛
누가 알까

바람한테 쥐어 박힌 주먹 감
장독 속에 넣어두고 삭혀 먹으면
달콤한 맛에 사로잡혀
감나무를 쳐다보고 감사하게 될 걸

가을밭 땅속에서 울퉁불퉁 자라온
큰 것 작은 것 할 것 없이
찌거나 구워서 먹으면
방귀쟁이 고구마라 놀릴 수 있겠지

아이 손, 어른 손
한 주먹 쏘옥쏘옥 들어오는 둥근 밀감

감기가 놀라서 달아나는 것
이 모든 게 황금색 비밀인 것을

사위들

낚시간 사위들
어떤 고기가 낚일지
망태 속에 웃음 담고
네 바퀴 날개 달아
포항으로 떠났다

시간은 흐르고 망태는 밑바닥
낚싯줄을 바라보는 눈은 초조하다

큰 사위 너털웃음에
파도는 물결을 철썩이고
둘째 사위 눈에는 바다가 비치지만
막내 사위 의견 좇아 공판장에 간다

푸짐하게 메고 온 태평양 고등어
얼큰한 매운탕과 빨간 고갈비로
온 식구를 웃음꽃 피게 한다

3부

후회 없이 날고 싶다

매화꽃 향기가 마을에 가득하다 —그림 임성자

매화

마음이 차가워 몸이 얼어도
봉오리 싹 틔우는 헐벗은 가지

새봄 소식 들으려
저려오는 마음으로
바람에게 물어도
웃음 짓고 지나만 가네

새벽녘 달빛에 비치는 자태
창문을 열고 밖을 내다보면
소리 없이 피어있는 매화

불길처럼 타오르는 붉은 정열이
가지마다 활짝 꽃잎을 열면
마음은 벌써 님의 가슴에 안긴다

만리장성

성을 쌓아라
북방 민족 쳐들어온다
성을 쌓아라

청춘을 메고 올라간 산
세월을 지고 내려와
걸음조차 걷기 힘들었다

인류 최대의 토목 공사
아무리 쌓아도 침입하지만
진정한 불의에 대항하기 위해
만리장성 쌓는 이 얼마나 될까

성곽을 오르며 가지는 결심
아무리 세월이 흘러서 가도
쌓고 쌓아야 할 성이 무엇일까
깊은 생각에 젖어든다

꽃양산

햇볕은 양산을 피하여 땅으로 가서
여름을 달구는 용광로 되면
구름은 엉기성기 도망을 간다

양산과 선글라스
제아무리 가려봐도
살갗을 파고드는 자외선은 비웃는다

오늘따라 길에는
수많은 양산들이 걸어가는데
꽃물결 일렁이듯 꽃무늬 양산이
햇볕을 가린다

무채색의 날

태양을 가리고
하늘을 가려도
변덕스런 구름처럼
자꾸만 달라지는 마음

바다도 희뿌옇게 물살을 가르고
피로한 어부는 낮잠을 청할 때
잔잔한 물결 위로 물새만 날고 있다

오늘따라 내 눈도
자욱한
해무 속을 헤매고 있다

온통 세상이 무채색이 되어
가눌 길 없는 마음
바다 위를 갈매기 되어 날아오르고 싶다

민들레

민들레 홀씨 되어 어디로 가나
노란 새색시가 꽃가마 타고
행복을 약속한 님의 품으로

민들레 홀씨 되어 어디로 갈까
하얀 드레스 입고 꽃구름 타고
산 넘고 강 건너 그대 곁으로

가뭄

햇살 강한데 비도 없고
논밭이 목말라서 입을 벌리면
농부의 얼굴에 흐르는 땀은
타들어가는 속을 축이지 못하고
숯처럼 새까맣게 타는 마음 걷잡을 수 없다

폐허된 저수지에 갇힌 개구리
갈한 목 축이려
밤낮 하늘만 쳐다보며
구름을 원망해도 오지 않는 빗방울

괴로움에 허덕이는 아우성소리
이제야 내 귀에 들려오는데
나는 무엇으로 그들을 위로해 줄까

일상의 생활에서 가물었던 내 마음
바라는 마음일랑 이웃에게 주고
자비의 구름을 만들어
한 방울의 빗방울이라도 만들어
남에게 내리고 싶다

마지막 달력

벽한테 꼼짝없이 붙들려
열두 달 동안 내려오지 못하고
하나씩 밟아가는 징검다리

차가운 겨울에 얼기도 하고
꽃이 피고 열매 맺는 세월을 지나
이제, 마지막 돌 위에서 되돌아본다

지나온 열한 개 돌을 밟고 왔어도
발자국은 희미하게 보이지 않고
숫자만 강물 따라 흐르고 있다

마지막 징검다리
다 건너가면
보고 싶은 내 님이 기다리고 있겠지

가을 아가씨

길섶에 핀 코스모스
속치마도 입지 않은 여덟 폭 치마
바람에 펄럭일 때 조여드는 가슴

만날 님을 기다리며
수줍은 몸짓으로
한들거린다

억새꽃 사이에 지나가는 바람더러
소식 물어도
말없이 고개만 흔들고 지나가지만

아쉬운 마음일랑 놓지 못하고
차가운 동짓날이 다가와
하얀 눈꽃 되어도 기다리는 마음

꽃비

별들이 비를 싫어하는지
비가 별을 싫어하는지 알 수 없지만
온통 하늘은 검은 속내만 드러낸다

하염없이 바라보던 달은
애처로운 마음으로 달문을 열고
꽃비에 젖는 내 마음을 어른다

고요한 마음에
어느덧 별들이 가득 내리고
환희의 밤을 노래한다

지금,
달이 물러가고 여명이 오면
나는 내일을 위해
향기 짙은 꽃비를 다시 맞고 싶다

가을 녘

가을은 산책길을 붉게 만들어
가슴과 가슴을 이어주지만
나무에 붙어있는 가지를 외롭게 한다

떨어지는 잎들은 바람을 원망하며
떠나야 하는 길
눈물로 재촉한다

어디로 갈까
한겨울 떨고 있을 가지를 보고
이별하는 말 한 마디 못한 채 길을 떠난다

단비가 내리면

더위가 가뭄을 안고 땅에 뒹굴 때
달리던 바람조차 발길 멈추면
갈한 목을 축일 지표는 타들어간다

들판의 굶주린 잡초도
허기 속에 늘어진 팔과 다리
일어설 용기조차 잃어버리고
하늘을 우러러 탄식을 한다

세월 지난 기억 속에
그리움 싣고 온 먹구름
내 앞치마에 내리면
초록빛 잎새에 꽃들이 피고
단비에 젖은 바닷새는
자욱한 안개 속에서
제 집을 찾는다

도깨비바늘

추석엔 노란 작은 꽃이었던 녀석이
설 무렵엔 가시 돋친 바늘 되어
마중 나온다

누굴 기다렸을까
바지를 잡고 매달려 애원하듯
밑자락에 엉겨 붙는다

무엇 때문일까
기생충도 아닌데 몰래 붙어야 사는
기구한 운명을 타고났단 말인가

바람 타고 날지도 못하는 처지
종족을 퍼뜨리기 위해
제 나름 고민한 모양이다

동생

눈에 잘 띄지 않는 곳에
둥그런 아지트 짓고
행복하게 사는데

망원경으로 벌집을 찾는
반갑지 않은 불청객 내 동생때문에
높은 나무나 땅 속에 사는
말벌들은 걱정이 많다

쏘이기만 하면 전사시킬
무시무시한 창을 들고 기다리는 병정들
종족 유지가 희생적이다

아찔하고 고된 순간 넘기면서
형제 조카 말벌주 선물하고픈 동생이 걱정된다

가을비

오색 낙엽이 비에 젖어 무거운데
심술궂은 바람이 아무리 일으키려 해도
아스팔트에 붙어있다

몸이 마르면
고독한 인생같이
정처 없는 길을 떠나야 하는 운명

늦가을은 모두를 데리고
저 미지의 세계로 갈까 하는데
어쩐지 가기 싫은 오색 낙엽들

그냥 퍼질러 앉아 울고 싶은 마음에
아직도
비가 내린다

별

하늘 높이 작은 별
빛나지만
머리 위에 큰 별은
나이 많아 큰가 보다

예전에 내 별도 높이 떠 있었겠지
지금은
내 앞에서 크긴 하지만
둥글게 보임은 세월에 깎였기 때문인가

작은 별이 보석 되어
내 곁에서 환히 밝혀도
정이 든 큰 별은 오늘도 둥글게
머리 위에 떠있구나

동지

동지가
팥죽에 들어가 뜨겁게 찜질하며
땀을 흘린다

새알도
어머니의 정성과 함께 익는다

모든 가족 둘러앉아
내일을 꿈꾸며
하나씩 꺼내먹는 나이가 즐겁다

배꽃

산 아래 개간한 땅
에둘러 가는 길에
배나무 울을 삼아 심어져 있다

가지마다 피어오른
작은 송이들
멀리서 바라보니 설화 같구나

나도 몰래 손이 가는 머리에
어느덧 찾아든
하얀 머리칼

흰 눈이 내려앉은 배나무를 보면
옛사랑 보고파서 기다리는 마음
구름도 하얗게 피어 있구나

세 잎 클로버

바위 밑 잔디 틈새
파란 세 잎 클로버

산들산들 흔드는 머리
누굴 기다리시나

연모하는 님의 손에
보석 반지 끼워줄
옛사랑 기다리시나

아카시아

부드러운 꽃 냄새는 아가씨 향내
싱그러운 후각이
알알이 실려온다

야들야들 우유빛 꽃송이
가지처진 꿀이 되어
벌 등에 실려서 살며시 날아온다

지나가는 발걸음에 내려다보는
구름송이는 사뿐히 날아와
푸른 잎에 앉는다

한 잎 따서 바람실어
강물에 띄우고
두 잎 따서 날개 달아
옛 친구에게로

복수초

높이 달린 꽃들이 나오기 전에
볕바른 산골짜기
노란 얼굴 내민다

가는 걸음 멈추고 뒤돌아보는 겨울
제아무리 차가워도
피어나는 꽃송이를 물끄러미 바라본다

눈이 언 땅에서 기다리는 마음
누구보다 먼저 달려오는 님
봄과 함께 걸어오는 소리 들린다

봄의 문턱

귓가에 들리는 자연의 소리
기지개 펴는 봄은 아침을 연다

바람이 안겨주는 향긋한 솔내음
폐부 깊이 들어오면
새로운 희망이 펼쳐진다

얼른 나가 오는 님 맞아들여
집뜰의 향기로
봄으로 채우고 싶다

날아올 벌이며 나비
편히 쉬어 가게끔
꽃을 가꾸리라

석류

반짝이는 별을 가슴에 안고
맞이하는 열정
태양은 살며시 가슴을 연다

붉디붉은 얼굴로 변해버린 별들
부끄러운 마음이
주옥같이 빛난다

하늘은 더욱더 파랗게 되고
두둥실 떠가는 구름 아래

태양과 하나 되어
새콤달콤한 사랑이 익어간다

옥수수

파란 드레스에
갈색 긴 머리 손질하고
아름다운 자태로 얼굴 내미는 아씨

바람 불고 햇볕 쬐면
하루하루 배불러오는
익어가는 사랑

엄마는 자식을 위해
겉옷은 푸른 갑옷에
속옷은 부드러운 속싸개와
포근한 배냇저고리

핏줄을 움켜쥔 다산의 자식 안고
그늘진 쉼터에서
행복을 센다

수양버들

늘어진 버들잎이 강물에 드리우면
하늘이 고요히 물 위에 흐른다

한나절 강한 땡볕 물을 데우고
수양버들 아래에 모여든 오리는
자맥질에 바쁘다

바람에 흔들리는 수양버들은
내 마음 같아
자신도 모르게 얼굴이 붉어진다

바람이 불어와
노랗게 물든 잎이 하나 둘 떨어질 때
설레는 마음은 계절을 잊는다

세탁

무거움과 두려움 없이
마음을
하얗게 빨기만 하면 다 된 줄 알았던 세월

매일 입고 벗는 옷
눈물로 찌든 얼룩
통돌이 세탁에 의지해 본다

빙글빙글 춤을 추며
서로를 껴안고
회전목마를 탄다

때가 되면
말갛게 밝은 얼굴
햇볕 보고 웃을 수 있겠지

수탉을 닮다

명예나 권력이 붉게 머리를 적실 때
왕관을 써야 권위가 있는가?

똑같은 머리에 씌우는 헛된 욕망
겨우 알에서 깨어난 햇병아리 같다

아무리 덮어쓴 큰 왕관도
벗어놓고 가야 할 운명이라면
차라리 쓰지 않고 자유를 찾고 싶다

왜 그리 사람들이 수탉을 닮으려고
애를 쓰는지
수탉에게 물어봐도 대답이 없다

오히려 목 놓아
새 아침을 여는 수탉이 부럽다

초등학교 총동창회

옛 친구 만나러 예쁘게 단장하고
회장 차에 올라 함께 가면서
처음부터 웃음보따리 풀어헤친다

고향 하늘 바라보며 찾아온 학교
운동장에 많은 차를 바라보는 순간
모여든 늙은 동심 우습기만 하다

터놓은 강당에는 선배들과 후배들
서로 반기며
풍기는 옛정에 어린 시절 살아난다

많은 음식 앞에 놓고 술 한 잔 마시면
춤과 노래 한마당
동심으로 돌아간다

애벌레

씨 뿌리고 가꾸어
상추가 예쁘게 크고 있다

더 키워 따려고 기다렸더니
이파리에 송송 뚫린 구멍보고 놀랐다

조심스레 들춰보니
먹던 입 감추고 파란 원을 그리며
초록 속에 숨는다

애벌레야
허락도 없이 먹으면 난 어찌해
그만 먹고 날아가 주렴

앨범

흑백으로 만든 추억
앨범 속에 잠자다
나에게 들켰다

산에서도 들에서도 찍혀진
내가 아닌 내 얼굴
젊음이 예쁘다

몇 권 책이 되어 살아온 발자취
삶의 물결 출렁이고
높은 하늘 뭉게구름 피어오른
희망들이 여기에 있다

자식 사진 보고 또 보고
손자 손녀 사진 앞에 두고 또 봐도
항상 웃는 모습
나도 같이 웃는다

혜란

연녹색 잎사귀 틈에서
새로운 팔을 내민다

팔 끝에 매달린 봉황새 방울눈
두리번거리며 주위를 살핀다

아무도 봐주지 않는지
눈망울에 이슬이 맺혀 반짝인다

봉황새 눈을 떴다
어딜 갈까 휘둥그레 나를 보는데

내 마음 창문을 살짝 열어두면
깊은 산중으로 날아갈까 걱정이 된다

코스모스

어릴 때
시원한 바람 불어 흔들리는 마음
푸른 하늘처럼 푸르러오면
살랑대는 몸짓은 여인의 교태

풍성한 가슴은 가을로 물들고
붉고 하얀 입술을 하늘로 내밀면
더욱더 진해오는 붉은 그리움

지금은 어인 일로
늦은 봄이나 여름에도 피어
가을도 잊어버리고 기억하지 못하나

계절을 넘나드는
철모르는 코스모스
언제면 제정신으로 돌아오려나

운전면허 갱신

도로교통공단에서
운전면허 갱신 통지가 왔다

엊그제 같은데
이십 오년이 흘렀다

자식들 키우느라 태워도 주고
어디든지 함께 하던 자동차인데
나와 함께 늙어가는 세월이 아쉽기만 하다

성장한 자식들도 내가 하듯이
차를 몰고 다니는 판박이 인생을
물끄러미 바라보는 운전면허증

한 발자국 물러서서 바라보는 나 자신
면허증이 지갑 속에
웃고만 있다

주전자

입 한 모금 축이려고 달콤한 대추차
불 위에 올려놓고 책상 앞에 앉았다

고소한 냄새가 코에 와 닿아
깜짝 놀라 나가보니
불 위에 주전자가 한숨을 쉰다

깜빡이는 기억이 젊음을 멀리하고
나와 함께 걷는데
세월은 무심하게 쉬어가란다

철새

바람 따라 구름 따라
어디든 가야하는
나그네

산이나 들에서 마주치면
부르던 노래
무엇하러 애타게 불렀던가

한 곳에 머물지 못한 마음
누가 알까마는
사랑하는 이 찾아서 헤매이는가

철새 되어 찾아가 님을 만나면
희로애락 남기지 말고
후회 없이 영원히 함께 살고 싶어라

푸른 산

야호 야호
초록이 소리친다

메아리는 놀라서
산등성이 넘는다

자연 속에 파묻힌
내 가슴에 풍성한 삶이 요동친다

여름은 새들을 부르고
새들은 목청을 높여 노래 부른다

사랑이 날개 펴는
푸른 산에서

행운목

두 손 모아 바라는
간절한 소망을
한 알 한 알 채워 담아
행운을 안겨준다는 행운목

나무에 피어있는 꽃송이
짙은 향내가
남편의 걸음에도 어김없이 스민다

바라는 학과에 입학한 자식들
합격의 영광 행운목에 돌리니
두 어깨에 잔뜩 힘이 들어 간다

남이야 믿든 말든 바라는 소원 성취
행운목에 걸어두고
살아가는 소박한 마음

파란 터널

바람이 불어도
더욱더 깊이 잡는
두 손에는
따뜻한 온기가 흐르고 있다

연인과 걷는 길에
체온이 따뜻하다

푸른 터널 지나
햇빛 밝으면
새소리 물소리 함께 들으며
아름다운 보금자리 짓고 싶다

황령산에서

봉수대 올라서
툭 트이는 가슴을 열면
맑은 공기가 내 몸을 엄습해온다

들릴 듯 말 듯
나무속에는 수액이 올라오는
나직한 생명의 숨소리가 들려온다

먼 바다로 나간 옛 친구 보려고
황령산 정상에 올라 보면
조용히 피어나는 안개가 앞을 가린다

소나무에 앉은 까치와 솔방울
봄소식 엿듣고 내 귀에 소곤거린다

후회 없이 날고 싶다

뒤뜰에 나가보면
줄 이은 꽃 무지개 미소를 짓는다

나비와 벌들도 꽃 사이를
우아하게 날아다닌다

형형색색 향기가 발길 따라 다니며
아름다운 모양에 눈길이 간다

서로 공생하며 살아가는 모습
하늘을 날고 싶은 꿈을 꾸게 한다

훠얼훨
님 오기를 기다리며 후회 없이 날고 싶다

흰머리

계절 없이 머리에 흰 눈이 내린다
누구를 탓하며 원망을 하겠는가

새싹이 돋아오던 봄날
얼마나 좋은지 미처 알지 못하고
튼 가지에 기대어 살아온 나날

풍성한 여름이 나를 감쌀 때
어서 자라서 무성한 잎으로
큰 나무 되려고 꿈만 꾸었지

열매가 익어가고
제각기 빛깔로 장식할 무렵
살며시 찾아온 하얀 눈꽃

검은 붓질 해보지만 지워지지 않고
자꾸만 더해가는 하얀 나이테
흘러간 젊음이 그리워진다

4부

어느 날의 일기

그원에 한꽃 왕국을 열고 푸른잎과 붉은 꽃봉우리가 비단수를 이루었다
– 그림 임성자

들국화

들국화는 외롭지 않다

맑은 이슬
찬 서리 내려도
고운 마음 가지고 기다리는 마음

벌 나비 날아오면
미소로 대하고
하늘을 쳐다보며 살아온 일생

외로워도 외롭다 하지 않고
모두를 안으며 벗처럼 지내다가
계절 따라 떠나는 꽃잎이 그립다

보리 풍년

겨우내 밟아주던 푸른 보리 싹
아무리 쓰디쓴 괴로움이 따라도
인내의 힘으로 지내온 나날
지금은 땅속 깊이 튼튼한 뿌리

살아온 자취마다 쌓이는 후회
얼마나 참아왔던 과거였던가
보리밭 매던 시절 생각이 난다

보리와 밀들이 익어가는 소리에
농부의 땀방울이 여름을 엮을 때
밭두렁에 모닥불 피워놓고
밀 서리 해먹던 새까만 손과 입
옛 친구 그립다

동백꽃

차디찬 겨울을 막 벗어나
온기가 감도는 길모퉁이에서
님을 기다리는 그리움에 벅찬 마음

푸른 옷차림
빨간 분홍 립스틱에
노란 수술을 가득 머금은 정념의 꽃잎들

시샘하는 바람을 타고 날아가는 향기는
동박새더러
사랑하는 이 찾아달라 부탁을 한다

가을 산

능선 따라 눈으로 원을 그리면
비단옷 물결 같은 봉우리

금빛으로 빚어진 환상의 무늬로
수많은 절경을 품는다

하늘을 받쳐 든 기상은
흔적없이 사라질 단풍잎 하나

비단 옷 벗지 말고 화려하고 싶지만
가지를 놓지 못한 외로운 잎새 하나
울먹이고 있다

고요한 새벽

아직 어두운 길거리에는
우두커니 서있는 가로등이
지나가는 행인의 발걸음을 본다

고요한 새벽 두시
새날을 세고 있는 소리가
어렴풋이 귓전을 두드린다

몇 시간이 지나면
밤의 향연이 끝날지 모르지만

바다에서 해를 분출하기 전
폐부 깊숙이 싱그러운 공기로 씻어보며
쳇바퀴 도는 개미처럼 돌고 돌아도
다시 내일을 위해 기지개를 편다

거문고 전봇대

높은 산 하늘 아래 크나큰 전봇대
바람에 휘청휘청 무섭기도 한데
열두 줄의 거문고와 기타 소리로
반짝이는 선율로 울려 퍼진다

곳곳에 가로등 환히 밝혀주며
포근한 보금자리 돌아가려고
촘촘히 마주서서 안내를 한다

두리둥실 곳곳에 모여 살면서
오늘도 오순도순 희망찬 하루
내일을 기다리며 웃어나 보자

눈만 뜨면 바쁜 하루 어디를 가나
제각기 가는 곳이 따로 있지만
저녁이면 돌아오는 제자리가 있지 않는가

겨울눈

산들은 흰옷을 입고
학춤을 춘다

휘날리는 산자락은 소매 끝
한 폭 그림이 따로 없다

아무리 세월이 흘러가도
아이들 노는 모습은 옛날 그대로

굴러굴러 크게 만든 눈사람
숯덩이로 만들어 놓은 눈썹은 언제나 삐뚤다

내 마음도 하얗게 눈이 내리면
어떤 모양 만들까 생각해 본다

경칩

들썩들썩
두더지처럼 파고드는
봄이 오는 소리

늦잠 자는 개구리
놀라 깨어나
펄쩍펄쩍 뛰어봐도 아직 무겁다

얼었던 물소리 풀려나면서
깊은 꿈을 깨어보니
벌써 해는 중천에 매달려있다

고등어

공판장을 가득 메운
남태평양 푸른 바다를 싣고 온
등 푸른 생선

파도에 멍들었을까
옥빛 하늘을 닮았을까
긴긴 여정에 푸른 삶

푸른 바다를 옷으로 두르고
깊은 바다의 소식 들려주려
내 얼굴만 쳐다보는 고등어 한 쌍

공평하지만

짜각짜각 시곗바늘은
태양을 돌리고
지구도 돌린다고

해가 뜨고 지고
달이 뜨고 지는
스물네 시간

맡은 일은 제각기 다르겠지만
주어진 시간은 공평하게 나누어
한도 없이 땅위에서 살아보라 하네

해가 저물어도
오늘 일을 못다 한 사람
그게 삶인 줄 알고 있지만

하늘은 새벽도 낮을 만들어
일하게 하지만
돌고 도는 세상에 벌써 어둠을 내리네

기우제

하느님 없다고 외치던 백성
기우제 지낸다고 비가 올건가
조금만 환경이 변해도 손을 들 건데
고집스런 자부심이 고개 숙인다

자연의 섭리를 캐고 캐어도
도저히 알 수 없는
참담한 지식
하늘에 로켓이나 위성이 날아도
기우제 지내는 약한 마음으로
혼돈의 세계에 못 잡는 갈피

애타게 기다렸던 빗방울들이 공교롭게도
기우제 도중에 내리는 심술
그래서 기우제가 명맥을 유지하여
허구를 쫓는 마음을 가지게 되나 보다
아하, 여기저기 빗방울 내리고
기우제가 빙긋이 웃고 서 있네

꽃샘추위

빙산도 설화도
겨울 신을 벗고 산 아래로 내려온다

계절이 바뀌는 걸
시샘을 하듯
살을 에는 바람은 아직 머뭇거린다

옛날 저녁 굶은 시어머니 심통같이
온통 차가움이 소매 끝에 매달려있어
봄이 오는 걸음이 멈칫거리지만

흐르는 강물처럼
스며오는 따뜻함을 막지를 못해
뒤돌아보며 흐느끼는 겨울이 춥다

울고 있는 산

사계절 뚜렷하게
철따라 갈아입는 옷
언제 어디서 보아도 한 폭의 산수화

산허리 곳곳에
아픔을 호소하는 울음소리는
붉은 피를 토해낸다

하루가 다르게 솟아나는 아파트
눈앞에 높이 솟아
햇빛도 달빛도 가리고 있다

아름다운 자연 풍경
땅속에 감춰두고
산 좋고 물 좋다는 건 예전에 하는 말

대나무 숲

야트막한 구릉지
쭉쭉 뻗은 대나무 숲은
죽 향기로 야트막한 구릉지를 채운다

댓잎을 흔들어보고
지나가던 바람은
노래하는 새들과 부창부수다

바위 위에 앉아 이 광경을 쳐다보는
선비의 붓끝은
신비로 가득한 마음을 그린다

살아오다 켜켜이 쌓인 상처
사각사각 댓잎 소리로
씻고 씻어 시냇물로 흘려보낸다

매미

들에서 일하는 농부가 숨이 차오르면
어느새 등줄기에 땀이 흐르고
새참 먹으러 그늘을 찾는다

녹음이 짙은 숲이 우는지
나뭇가지 스치는 바람이 우는지
목청 높여 울어대는 소리가 요란하다

수컷 매미는 짧은 생(生)을 의식한 듯
배에 간직한 드럼을 치며
허무한 삶을 통곡으로 불러야 하는 노래

처량한 목소리에
나뭇잎이 파르르 떨면
가을을 기다리는 농부의 손길은 더욱 바쁘다

볏짚 옷

꽁꽁 언 바닥에도
생명은 살아 있다

아빠는 볏짚 바지
엄마는 볏짚 치마 만들어 입고

가족을 위해 만드는 옷들
따뜻하면 할수록 사랑이 움튼다

광란의 춤을 추던 높새바람이
볏짚 옷을 벗겨도
깊어가는 마음만은 벗기지 못한다

벚꽃

벚꽃송이 피어오른
연분홍 터널을 걷는다

눈꺼풀도 스르륵 꽃구름에 취해
그리운 이의 눈동자를 본다

하늘이 맑은데
구름 한 송이 따다 가슴에 대고

분홍 꽃잎 떨어질라
꽃샘바람 불어올까 걱정을 한다

빈몸

색깔 옷 날려 보낸 허전함
날을 세운 찬바람이 감긴다

대지의 빛깔로 순환 되어가는
낙엽의 순종

외로이 서 있는
겨울나무 가지에는
새싹이 꿈틀댄다

사막에서 오는 바람

정열의 용광로같이
뜨겁게 달구어 놓은 사막에
바람이 인다

모래바람은 여름을 쪼개어
등에 싣고
꽃이 피는 동산에 짙게 뿌린다

송알송알 맺혀진 땀방울에
비쳐진 하늘
머잖아 열매 맺을 미래가 보인다

가야할 길 찾아가는 철새 되어
바람은 무엇 싣고
또 여기서 어디로 갈건가
해는 벌써 저물어 가는데

베트남 하롱베이

나라마다 살아가는
방식은 다르겠지만
집들이 다닥다닥 붙어
숨 쉴 공간이 있을까

가슴이 찡할 정도로
삶이 힘들어 보이지만
전혀 불편하지 않게 사는
행복한 사람들

경치가 보이지 않고
삶만 보이는 내 눈이
오히려 괴롭다

유람선을 관광할 때
작은 배에 과일 싣고
사달라고 외치는 소리
아직도 귓가에 맴돌고 있다

싱가포르 멀라이언 공원

옛날 심한 폭풍 속에 바다짐승들이
서로 싸울 때
바람은 겁이 나서 바다를 떠났단다

혼란해진 나라를 바로 세우려
수사자가 부릅뜬 눈으로
센토사 섬을 지키고

암사자는 바닷물을 뿜어내어 강을 지켜서
싱가포르 강은 아직도 흐른다

우리는 무엇을 지켜나가야
이 세상 끝까지 행복할 건가
멀라이언 공원을 지키는 아기 사자
대단하기만 하다

동물들도 나라 위해 관광객을 모은다
상반신은 사자로
하반신은 물고기로 살아가면서

싱가포르 쥬롱새 공원

구천 마리 새들은
형형색색 옷을 입고
관광객을 기다린다

나뭇가지에 열매처럼
주렁주렁 달려 재주를 부리는
쥬롱새

호숫가에는 물새 떼들이
춤 자랑을 하고 있다

올스타 버드쇼에서
사육사 손짓에 노래하는 앵무새
그림을 그리는 솜씨가 대단하다

보는 이들 아쉬워
앵무새 사와서 집집마다 키우는
싱가포르는 전체가 삶의 공원이다

쌍둥이 빌딩

쿠알라룸푸르에는
일란성쌍생아가 하늘 높이 올랐다

그러나 어버이는 둘
하나는 대한민국
또 하나는 다른 나라

88층 가운데 45층
두 타워 사이로
손잡고 오갈 수 있는
구름다리가 이어져있다

하늘을 머리에 이고
뭉게구름 만지며
날개단 새되어 공중을 날아본다

고개 들어 올려보고
머리 숙여 내려보는 쾌감
우뚝 선 우리나라가 자랑스럽다

일본 후쿠오카

말로 듣던 후쿠오카
쓰레기 한 점 없이 깨끗한 거리
낙엽은 어디로 갔는지 보이질 않는다

여기저기 구경하고
맛집엘 가 봐도
설거지하는 이 보기 드물다

우리네 시절에 일만하던 여인
부럽기 짝이 없는 구경이 되어
나 자신도 모르게 머물고 싶다

우윳빛 기노사끼 온천에 서린 안개
두 눈을 지그시 감고서 피곤함을 풀면
고국에서 들려오는 소식이 그립다

중국 장가계

천문산 케이블카 타고
하늘과 산수가 맞닿으려
높이 날아오른 새가 되었다

부푼 꿈 안고서
두려움 속에 절벽에 오르면
모든 세상 눈 아래에 엎드려 있다

높은 곳에서 아래로 내다보는 마음
자만심보다도
더욱더 겸손해지는 마음이 왜 그럴까

신비가 숨어있는 장가계에서
자연을 바라보면
모든 것이 경이롭고
신의 옷자락을 만져본 것 같다

뉴질랜드 북섬과 온천

산인지 언덕인지
나지막하게 솟은 자연은
서로 대화를 주고받듯 다정하지만

온 몸에 가지가지 싣고 온
더러운 때를 유황 온천에 벗고 가는
갖가지 인간들 때문에

산이 속이 상했는지
부글부글 끓어오르는 유황은
수증기 되어 하늘을 물들인다

푸른 루비 같은 노천탕 곳곳에
짝을 지어 소곤대는 언어가 무엇이든
뉴질랜드 북섬은 늘 즐겁다

제주도

희귀식물들이 즐비한
우거진 숲을 따라
천제연 폭포가 강물 따라 걷는다

병풍처럼 펼쳐진 기암절벽에
흩뿌려지는 에메랄드 물보라가
눈이 부신다

넋 놓고 바라보는 제주도 광경
폭포수 연못에는
즐거움이 산다

수많은 전설과 아름다운 풍경
오는 이 가슴에 새겨지면서
사랑에 빠져있는 아름다운 제주도

캄보디아 수상마을

물결도 바람도 일지 않는
캄보디아 큰 호수
톤레삽

물 위에 원두막 집
화장실이 따로 없고
호수에다 그대로 방출을 한다

땀에 젖은 옷들은
황톳물에 흔들어서
원두막에 걸쳐놓아 말리고 있다

까맣게 탄 아이들
둥근 알루미늄 그릇에 몸을 싣고
배처럼 떠다닌다
사람만 보면 천원 천원
외치기에 바쁘고
돈을 주면 고개 숙여 인사를 한다

사는 게 측은해도 질서가 있고
예의 바른 민족에
앞길이 밝다

필리핀 여행

두 명의 사공이 있는
카누를 타고
팍상한 폭포 향해
작은 바위 큰 돌이나 자갈 사이로
사공의 힘으로 급류를 타고
얕은 강을 거슬러 올라간다

까만 얼굴에 활짝 웃음을 띤 사공들
장난기 부리며
일부러 옷을 적시게도 하고
농담도 건네 보지만
힘든 삶 보고 지갑을 연다

따가이 따이에서
잘생긴 말들이 손님을 기다리고
마부들의 미소에 슬픔이 서렸다

원추형 활화산 전경 보려
말 등에 올라서
꼬불꼬불 산길 정상에 오르는 사이
내 몸이 무거운지
씩씩거리는 말의 거친 숨소리
미안한 마음에 또다시 여는 지갑
동정과 미안함의 여행이
뇌리에서 떠나지 않는다

호주 시드니에서

머리 위에 해가 떠있어
막대기만 올리면
해를 딸 것 같아
파고드는 햇볕을
모자와 선글라스로 차단해야 한다

음악이 춤을 추고
어깨위에 새도 춤추고
비는 오다가 말다가 제멋대로 춤을 춘다

캥거루는 새끼를 품에 안고
먹을 것을 달라는 듯
보는 이의 시선을 끌고 있다

신혼여행 온 신랑 신부
캥거루를 바라보며
아빠 엄마 될 미래를 꿈꾼다

호주 골드코스트

골드코스트 보기위해
새벽 일찍 일어나
끝없는 해안선 따라
눈부신 모래알을 본다

아무도 밟지 않은 황금해안을
발자국 남기려고
손잡고 걸어본다

파란 하늘 꽃구름
바다의 사막
황금빛 파도는
남긴 자국 지우고 또 지운다

이팝나무

고슬고슬한 쌀밥이
오월을 부른다

이팝꽃 구수한 냄새
미각을 부른다

날아드는 새들도
배부른 포만감

꽃 찾다가 허기진
벌 나비야
너희들도 떠돌지 말고
나에게 오렴

두부 마을 구수한
된장 냄새가 오월을 꿈꾼다

포구로

바람은
강물을 부추겨 같이 춤춘다

하늘도 바람에 일렁거려
물결 같은 구름이 일고

해 저무는 강물 위에
노을빛 되어 춤추는 바람

바람을 실은 돛단배는
포구로 향한다

은행나무

젊을 땐 푸르게 살아오다가
노을을 물들인 노란 잎
떨어진 잎새 주워 깨끗이 말려
책갈피에 끼워둔 노란 부채

동그란 열매가 풍기는 냄새는
몹쓸 곤충까지 내쫓아
얼씬도 못하게 만드는 은행나무

껍질 속에 든 알맹이는
애주가가 좋아하는 안주가 되어
접시 위에 놓여서 술에 취한다

가을이 되면 걸어가는 은행 가로수
노란 잎들이 뒹구는 거리
내 발목을 잡고서 보여주는 고독

한 세월 지나고

다음 세대까지

노랗게 마음을 살찌운다

어느 날의 일기

내릴까 말까 애태우는 빗줄기
하늘을 회색으로 물들이고 있네
갑작스레 내리면
근심에 접힌 허리가 펴질 텐데

능청스레 푸른 잎에 머물지 말고
대지라도 촉촉이 적시면
가뭄이 햇살 속에 묻혀있지 않고
흙이 만든 주름을 펴기 위해 나올 텐데

세월을 보내면서 망설이지 않은 일
하나 둘 뿐일까만
오늘도 인자하고 풍요로운 마음이
비처럼 내리면
서로가 갈라진 틈을 메우고
굳은 얼굴 펴질 텐데

연신 연필에 침을 묻혀
종이가 헐도록 쓰고 지워도
아직도 일기장을 채우지 못해
밤늦도록 불빛 아래 생각을 수놓는다

장미

빨간 장미 한 송이
담장 위를 오르는데
제 가시에 찔려서 피를 흘린다

찢어진 잎새가 떨어지는 순간
바람은 고요히 두 손을 벌려
사뿐히 안는다

괴로운 상처가 누구인들 없던가
땅 위에 떨어진 꽃잎을 밟는 순간
사라진 치유의 가슴

잡지 못한 손길에 가시가 걸려
붉은 피만 뚝뚝 떨어지는데
유월이 벌써 지나가고 있다

태풍

태풍이 몰고 오는 거센 비바람
가로수와 노거수도 갈 길을 잃어
눈물만 쏟고 있다

의지할 곳 없는 마음
슬퍼할 겨를 없이
저 멀리 광야의 끝을 향해
길을 가야하는 운명

시련의 풍랑이 없었다면
해묵은 마음 속 오물을 어떻게 정화할까
고난이 오히려 고마울 뿐이다

광대 같은 빗줄기가 대지 위에 춤추고
어지러운 먹구름 하늘을 가려도
언제나 태풍 지나면 찾아오는 맑은 하늘

삶의 의미에 접근하는 여로

- 임성자 시인의 작품 「하나씩 꺼내먹는 나이가 즐겁다」에서 -

최원철(부산대학교 명예교수, 시인, 수필가)

시인은 현실에 살면서도, 현실에서 과거로 또는 미래로 왕래하며 삶의 의미에 무한히 접근하면서 살아가는 여로(旅路)에 있다. 그 여로에서 이상을 꿈꾸며 일어나는 모든 현상을 예술로 승화시키고 삶의 의미를 노래하게 된다.

삶의 여로에서 내 주위의 모든 사람들과 특히 내 가정에 대해 책임져야할 의무가 삶의 한 부분에 속하기도 한다. 자신의 희생이나 자신을 초월하는 길을 택하는 성직자도 있다. 모든 사람들은 삶의 의미를 철학이나 종교에서 찾으려하고 있다. 그 근본은 나 자신에 내재하고 있는 의미부터 찾아서 자기중심에서 남의 중심으로 옮겨가는 여로이다. 따라서 시인들이 바라는 완전한 삶의 의미와 목적을 파라다이스를 추구하는데 두고 있다. 시인은 오로지 미래지향의 예언적 요소를 가지는 시를 쓰게 되는 것이다.

Victor Frankl(『죽음의 수용소에서』저자)는 인간에게 가장 중요한 것은 권력이나 쾌락의 추구가 아니라 인간이 존재해야하는 이유가 있느냐 없느냐 하는 문제를 제기하였다.

즉 수용소와 같은 극한에 처한 경우에, 사람 속에서 살고, 고통을 받고, 사랑하면서 그런 것들을 통해 삶의 의미와 목적을 찾도록 도전하는 것이라고 말하고 있다.

임성자 시인의「하나씩 꺼내먹는 나이가 즐겁다」에서는 가정 속에서 순수하게 살아온 칠순의 생활에서 바깥세계보다 오직 가정에 그 삶의 의미를 찾고 있다. 자식을 키우기 위해 모든 어려움을 이겨내고 자식들이 사회의 일원이 되어 자리 잡고 있음을 보고 삶의 의미를 찾아 희열을 느끼는 것을 엿볼 수 있다.

임성자 시인의 시집의 구성을 보면 4부분으로 나누어져 있다. 제1부「또 다른 입학」, 제2부「텃새」, 제3부「후회 없이 날고 싶다」와 제4부「어느 날의 일기」로 되어있다.

제1부에서 삶의 의미를 칠순이 되는 해부터 진지하게 찾기 시작함을 알 수 있다.

> 인간이 만든 기계에 노예 되어 허덕이는
> 기억만이 실려 있는 어긋난 뇌세포들
> 깊은 늪에서 헤맨다

노안은 희뿌연 안개에 잠겨도
발자국 찾으려 헤매는 배움은
오늘도 술래잡기를 시작한다

마우스에 붙들린 글자와 그림들
어쩌면 나의 삶이 생각된다

자정이 넘도록 거북이걸음으로
기억을 깨우고
굳어있는 손가락으로
훈민정음 한 자 두 자에 마음을 싣는다

–「노트북」전문

임성자 시인은 칠순에 접어들어도 인생의 시작이 이제부터인듯 비록 기억이 감퇴되는 시기일지라도 컴퓨터를 배우는 것을 엿볼 수 있다. 위의 시에서 1연에서 시인의 기억이 가물가물한 것을 '어긋난 뇌세포들 / 깊은 늪에서 헤맨다' 라고 자신의 처지를 나타냈다. 2연에서는 눈이 잘 보이지 않는 '노안은 희뿌연 안개' 처럼 되어 있어도 컴퓨터의 마우스로 글을 쓰고 그림을 찾는 노력이 아름답다. 그래서 제4연에서는 '자정이 넘도록 거북이걸음' 걷듯이 천천히 하더라도 '굳어 있는 손가락으로' 끊임없이 노력함을 표현함에 직유법으로 시를 쓰고 있다. 어떤 문장의 기교를 부리는 것도 아니고 누구나 읽으면 쉽게 이해할 수 있다. 실은 현대시에 있어서 너무 심한 멋을 부리기도하고 그 뜻을 너무 어렵게 써서 시간이 지나면 작가 자신도 이해하지 못하는 시가 있는 사람도 있다.

임 시인의 비록 늦깎이가 되어 시를 쓰는 용기는 여기에서 멈추지 않는다. 아래의 시 「또 다른 입학」에서 보면

눈이 멀고
뇌세포가 활발하지 못해도
꾸준히 노력하면 못할 게 무엇 있을까

검정고시
대학입시 생각하며
도전장 던져보는 마음을 북돋우는 나의 딸

서예도 나이 들고
시작품(詩作品)이 나이가 들어도
살아온 기력을 다 바쳐서
해보고 싶은 맘 하늘같다

한 점 한 점 배워서
껍질을 버리고

알맹이는 모으고
차곡차곡 다듬어서 보석처럼 빛내련다

마지막 길목에 선
나 자신을 돌아보며
또 다른 입학을 시도해 본다

－「또 다른 입학」 전문

'눈이 멀고' 뇌로 생각하는 것이 '활발하지 못해도 / 꾸준히 노력하면' 된다는 의지를 가지고 있다. 제2연에서 말했듯이 '검정고시' 나 '대학입시' 때처럼 열심히 하라는 딸의 말에 더욱 용기를 얻어서 '서예도' 하고 '시' 도 열심히 하고 있는 마음을 표시하고 있다. 제5연에서는 '마지막 길목에 선 / 나 자신을 돌아보며 / 또 다른 입학을 시도해 본다' 라고 했다. 이것은 결심을 나타내는 시라기보다 자신의 독백이다. 아마 차근차근 시를 배워가며 노력하게 될 때 나이를 불문하고 더욱 더 발전하리라 믿는다. 위의 시를 읽을 때 임 시인의 생애에 있어서 새로운 세계를 접하는 순간마다 '또 다른 입학' 으로 생각하는 자세가 젊은 세대에게 귀감이 될 수 있을 뿐 아니라 연세가 많은 분들에게도 던져주는 하나의 메시지 같이 느껴진다.

그리고 새로운 삶을 살기 위해 친구를 만나면 마음을 긍정적으로 가져 「기다리는 수요일」 에서 기쁨을 표현하였고, 「등단 설렘」에서는 시인으로 등단하여 설레는 마음을 가지는 것 뿐만 아니라 모든 주위 사람이 기뻐해 주는 축하에 살짝 두려움까지 느끼며 노력하고자 함을 표현하였다.

임 시인은 「모닝콜」, 「변덕」, 「수국을 닮은 꽃」, 「숲길 산책」, 「습작(習作)」, 「식목일」, 「역행」, 「범어사」, 「창문을 열면」, 「칠순을 바라보며」, 「햇볕 드는 방」 등에서 새롭게 노력하면서 제2의 인생이 시작되는 것을 생각하고 있다. 이러한 일들이 주워질 때마다 「또 다른 입학」이라고 생각하고 삶의 의미를 터득하고 있다.

제2부 「텃새」에서는 여기에 나오는 시들은 모두가 임성자 시인이 살아오는 동안 동고동락을 함께한 가족에서 삶의 의미를 찾으려 노력하고 있다.

낚시간 사위들
어떤 고기가 낚일지
망태 속에 웃음 담고
네 바퀴 날개 달아
포항으로 떠났다

시간은 흐르고 망태는 밑바닥

낚싯줄을 바라보는 눈은 초조하다

큰 사위 너털웃음에
파도는 물결을 철썩이고
둘째 사위 눈에는 바다가 비치지만
막내 사위 의견 쫓아 공판장에 간다

푸짐하게 메고 온 태평양 고등어
얼큰한 매운탕과 빨간 고갈비로
온 식구를 웃음꽃 피게 한다

―「사위들」전문

위의 시는 사실적이긴 하지만, 행복한 어느 노 여류 시인의 다복한 가정을 들여다 볼 수 있다. 읽는 이로 하여금 큰 부담을 주지 않는 선에서 가족 간의 아낌과 배려를 느낄 수 있어 부러운 장면들이 연출 되고 있다. 사위 셋을 맞이한 시인은 희화적인 글로써 자신의 처지를 나타낸다. 사위 셋이 바다낚시를 갔으나 결코 잡지 못하고 애를 태우고 있는 중에 셋째 사위의 의견으로 수산물 공판장에 가서 '고등어'를 잔뜩 사가지고 집에 돌아와 구워먹는 모습을 그린 것이다. 여기에서 아주 평범하고도 인간적이고 가정적인 냄새가 물씬 풍기게 된다.

임성자 시인의 시 가운데「텃새」도 마찬가지다.

딸은 출가하여 없어도
남아 있는 친정 식구
강산이 바뀌어도 옛집을 지키고 있네

가끔 찾아가는 친정 길에
산새도 들새도
날 반기며 노래 부르네

멀리 떠나 있는
몸이지만
마음만은 텃새 되어 고향에 머무네

외인이 된지 오래되어
조상의 묘소도 자주 뵙지 못해
부끄러움 가득 안은 철새가 되었네

–「텃새」 전문

텃새는 철새처럼 먼 여행을 하지 않고 언제나 한 곳에 사는 새들을 말한다. 서식하는 장소에 따라 텃새는 구별된다. 텃새의 의미는 환경과 먹이에 따라 달라지는 것이다.

위의 시에서 딸은 결혼하여 친정집을 떠나 온지 오래 되었건만 고향생각에 잠겨 있는 모습을 통해 알 수 있다. 가끔 찾아오는 고향이건만 친정집의 조상의 묘소도 잘 찾아뵙지 못하는 안타까운 마음을 철새로 비유해서 쓴 글이다.

이 뿐만 아니라 임 시인의 「갈맷길 따라」에서 지난날의 젊은 시절에 이루지 못한 희망을 '갈맷길 따라' 가며 정리 해보는 순간을 가지고, 또한 「김장하던 날」, 「꽃샘추위」, 「내 딸, 며늘아기에게」, 「놀이터 」, 「물새 떼」, 「발틀」, 「별」, 「부모님 오시는 날」, 「사돈(査頓)」, 「사위와 딸의 둥지」, 「새로운 것이」, 「세탁 」, 「수양버들」, 「수영강」, 「앨범」, 「어느 한의원」, 「엄마니까」, 「오이모종」, 「요리의 생명」, 「운동회」, 「이팝나무」, 「제비」, 「택배」, 「행운목」, 「황금색 비밀」, 「흰 머리」 등의 시에서 임 시인의 가정에서 일어나는 일을 섬세하게 묘사하였는가 하면 임 시인의 모습이 여인의 참다운 주부의 모습이요, 어머니요, 할머니의 자리에서 느끼고 생활해 온 것들을 시로서 잘 표현하고 있다고 볼 수 있다.

임성자 시인의 시집에 제3부 「후회 없이 날고 싶다」에는 앞서 무엇이든지 배우고 싶은 학구열을 지나서 실제적인 생활에서 '후회 없이' 활용하고자 하는 흐름을 알 수 있다.

뒤뜰에 나가보면

줄 이은 꽃 무지개 미소를 짓는다

나비와 벌들도 꽃 사이를
우아하게 날아다닌다

형형색색 향기가 발길 따라 다니며
아름다운 모양에 눈길이 간다

서로 함께 살아가는 모양이 더없이 아름다워
하늘을 날고 싶은 꿈을 꾸게 한다

훠얼훨
님 오기를 기다리며 후회 없이 날고 싶다

－「후회 없이 날고 싶다」 전문

꽃이 피는 계절은 언제나 가슴이 설레고 무지개같이 보이는 형형색색의 꽃을 보는 순간 그리움과 행복의 시작이 되는 것이다. 작은 뒤뜰에도 꽃이 피고 벌, 나비가 찾아오는 광경을 보면 사소한 일에도 사랑의 감성이 활발하게 활동하게 된다. 이렇게 함께 살아가는 자연을 보며 '하늘을 날고 싶은 꿈'을 꾸는 것이다. 아마도 날고 싶은 마음은 사랑하는 님을 찾아가서 후회 없이 사랑하고 싶은 마음일 것이다. 매화꽃 피는 봄이 되어도 시인은 '불길처럼 타오르는 붉은 정열이 / 가지마다 활짝 꽃잎을 열면 / 마음은 벌써 님의 가슴에 안긴다' 는 정열이 「매화」 에서 잘 나타나고 있다.

임성자 시인은 '후회 없이 날아가고 싶은 마음' 과 '불길처럼 이는 정열' 을 가지기도 하지만 「가뭄」 에서 보면 '일상의 생활에서 가물었던 내 마음 / 바라는 마음일랑 이웃에게 주고 / 자비의 구름을 만들어 / 한 방울의 빗방울이라도 만들어 / 남에게 내리고 싶다' 라고 독백을 하듯이 남에게 베풀려는 마음이 엿보인다.

명예나 권력이 붉게 머리를 적실 때
왕관을 써야 권위가 있는가?

똑같은 머리에 씌우는 헛된 욕망
겨우 알에서 깨어난 햇병아리 같다

아무리 덮어쓴 큰 왕관도
벗어놓고 가야 할 운명이라면
차라리 쓰지 않고 자유를 찾고 싶다

왜 그리 사람들이 수탉을 닮으려고
애를 쓰는지
수탉에게 물어봐도 대답이 없다

오히려 목 놓아

새아침을 여는 수탉이 부럽다

－「수탉을 닮다」전문

위의 시, 「수탉을 닮다」는 삶의 배경을 그린 것이다. 인간이 살아가는데 필요한 재물욕, 지식욕, 명예욕 가운데 명예나 권력욕을 빼놓을 수 없다. 이러한 것을 은유법으로 표현하였다. '명예나 권력이 붉게 머리를 적실 때 / 왕관을 써야 권위가 있는가?' 라는 말을 하고 있다. 이러한 상태를 수탉의 벼슬과 빗대어 '왜 그리 사람들이 수탉을 닮으려고 / 애를 쓰는지' 안타까운 마음에서 '수탉에게 물어봐도 대답이 없다' 라고 말한다. 그렇지만 수탉은 대답이 없었다. 수탉은 정녕 자신이 권력과 명예에 대해서는 관심이 없기 때문이다. 인간들이 추구하고 있는 것이 얼마나 헛된 것임을 '아무리 덮어쓴 큰 왕관도 / 벗어놓고 가야 할 운명이라면 / 차라리 쓰지 않고 자유를 찾고 싶다' 라는 독백으로 표현하고 있다. 그러기에 헛된 것을 가진 것이 인간임을 깨닫고 시인은 차라리 '새아침을' 알리는 '수탉이 부럽다' 고 했다. 임 시인이 보는 현실은 예리하다. 그뿐 아니라 「석류」의 시에서 자연에서 사랑을 노래하고 「세 잎 클로버」, 「아카시아」에서 자연을 통하여 님을 상상하며 님을 그리움을 가지고 기다리는 마음을 나타내고 있다고 하겠다.

임 시인은 「가을비」에서 '늦가을은 모두를 데리고 / 저 미지의 세계로 갈까 하는데 / 어쩐지 가기 싫은 오색 낙엽들 // 그냥 퍼질러 앉아 울고 싶은 마음에 / 아직도 / 비가 내린다' 라고 이야기하고 있다. 이는 사람이 언젠가는 떠나야하는 운명이 필연적인데도 더 세상에 머물고 싶은 마음을 은유적으로 표현하고 있다. 「가을녘」, 「가을 아가씨」에서도 그 내용에서 흐르고 있는 뜻은 동일하다고 보겠다.

제4부 「어느 날의 일기」에는 주로 세계 여행을 하면서 짬짬이 써두었던 것을 일기처럼 모아 놓은 것이다. 제4부의 제목과 같이 「어느 날의 일기」에서는 자연현상에서 유대관계를 음미해 볼 수 있다.

내릴까 말까 애태우는 빗줄기
하늘을 회색으로 물들이고 있네
갑작스레 내리면
근심에 접힌 허리가 펴질 텐데

능청스레 푸른 잎에 머물지 말고
대지라도 촉촉이 적시면

가뭄이 햇살 속에 묻혀있지 않고
흙이 만든 주름을 펴기 위해 나올 텐데

세월을 보내면서 망설이지 않은 일
하나 둘 뿐일까만
오늘도 인자하고 풍요로운 마음이
비처럼 내리면
서로가 갈라진 틈을 메우고
굳은 얼굴 펴질 텐데

연신 연필에 침을 묻혀
종이가 헐도록 쓰고 지워도
아직도 일기장을 채우지 못해
밤늦도록 불빛 아래 생각을 수놓는다

–「어느 날의 일기」 전문

위의 시는 가뭄에 단비를 기다리는 아쉬운 마음을 보여주는 시이다. 제1연에서 비가 쉽게 내리지 않고 '내릴까 말까 애태우는 빗줄기 / 하늘을 회색으로 물들이고 있네' 라고 말한다. 회색이라는 것은 항상 분명하지 못할 때 말하는 색깔이다. '갑작스레' 라도 내려주면 될 터인데 그렇지 않다. 제2연에서 비가 내린다면 '흙이 만든 주름' 을 펴게 한다고 했는데 그것은 비록 흙이 만든 주름을 넘어선 농부의 간절한 마음을 나타내고 있다. 그래서 제3연에서 인간의 삶과 접목시키는 대목이 이 시가 말하고자 하는 뜻일 것이다. '세월을 보내면서 망설이지 않은 일 / 하나 둘 뿐일까만 / 오늘도 인자하고 풍요로운 마음이 / 비처럼 내리면 / 서로가 갈라진 틈을 메우고 / 굳은 얼굴 펴질 텐데' 라고 시인은 말한다. 이러한 생각으로 살아와도 시인은 무엇인가 다 채울 수 없는 부족함을 이야기한다.

임성자 시인의 시에서 스며있는 삶의 기쁨이 대부분이지만 반대로 뼈아픈 사랑의 아픔은 「장미」에서 찾아볼 수 있다.

빨간 장미 한 송이
담장 위를 오르는데
제 가시에 찔려서 피를 흘린다

찢어진 잎새가 떨어지는 순간
바람은 고요히 두 손을 벌려
사뿐히 안는다

괴로운 상처가 누구인들 없던가
땅 위에 떨어진 꽃잎을 밟는 순간

사라진 치유의 가슴

잡지 못한 손길에 가시가 걸려
붉은 피만 뚝뚝 떨어지는데
유월이 벌써 지나가고 있다

－「장미」전문

위의 시에서 사랑의 슬픔을 노래한다. '빨간 장미 한 송이' 가 서툰 사랑을 한 것인지는 모르지만, '제 가시에 찔려서 피를 흘린다' 는 표현은 사랑의 서투름을 나타내는 것이 아닐까. '찢어진 잎새가 떨어지는' 아픔은 일생에 누가 없을까마는 사랑하는 사람을 잡지 못한 괴로운 마음은 유월에 피는 장미를 보고 생각 했을지도 모른다. 이 모든 것이 사람이라면 살아오는 과정에서 겪을 수 있는 일반적인 행태일지 모르지만 진실된 삶의 의미의 접근일 것이다. 그렇지만 임 시인의 대부분의 시는 매우 긍정적이다. 「태풍」에서는 '광대 같은 빗줄기' 와 '먹구름' 이 찾아와도 마지막에는 '언제나 태풍 지나면 찾아오는 맑은 하늘' 을 바라보고 사는 것이다. 긍정적인 삶의 의미를 노래한다.

그리고 임 시인은 세계 각국을 여행하면서 스스로 깨닫고 느끼는 것을 일기장처럼 써왔다. 임 시인이 방문한 곳은 「뉴질랜드 북섬과 온천」, 또한 「제주도」에서는 '사랑에 빠져있는 아름다운 제주도' 를, 「쌍둥이 빌딩」에서 '쿠알라룸푸르에는 / 일란성 쌍생아가 하늘 높이 올랐다' 라고 표현하였고 「캄보디아 수상마을」, 「베트남 하롱베이」에서 삶의 고됨으로 기쁨을 찾았다. 「싱가포르 멀라이언 공원」이나 「싱가포르 쥬롱새 공원」에서의 새로운 풍경들, 「일본 후쿠오카」, 「중국 장가계」, 「필리핀 여행」, 「호주 시드니에서」, 「호주 골드코스트」를 두루 여행을 하면서 느낀 점을 모아 놓았다.

임 시인의 시편을 보면 늦깎이 공부를 하면서 새로운 삶의 입학부터 가정의 삶과 더불어 여행의 길까지 모든 것이 삶의 의미에 접근하는 여로이다. 오늘날의 시가 과거보다 더 넓고 깊은 뜻을 가진 시적 감성을 이끌어 내야 한다고 생각된다. 그러나 이렇게 이끌어 나가야하는 것은 개인의 많은 노력으로 달성되는 결과이기 때문이지 시적 본래의 목적은 될 수 없는 것이다. 여기서 주목할 만한 것은 시가 시인 개인이 가지는 특수한 독백이라고 생각하는 것은 구태의연한 태도라고 생각된다. 과거에는 시어의 난립과 조작 또는 정신적으로 개인이 독점하고 있는 것이 좋은 시인 양 착각하여 엉뚱한 면으로 점철되어 온 것이 사실이다. 좀 더 신선한 형상화와 상상력을 발휘시켜 시의 형상화를 조화롭게 예술성을 지니게 해야 할 것이다. 시의 영역을 많이 넓혀가되 시적 감각과 감성을 이탈해서는 안 되는 것이다.

특히 임 시인은 삶의 여로에서 진정한 삶의 의미를 가까운데서

발견하려 애쓴 것이 일관되게 보인다. 임 시인은 시인으로 등단한 지 얼마 되지 않지만 앞으로 끊임없는 노력으로 위대한 시인으로 발돋움하여 문단을 빛낼 것을 당부하고 싶다.

하나씩 꺼내먹는 나이가 즐겁다

인쇄일 2016년 3월 20일
발행일 2016년 3월 25일

지은이 三仁 임성자
펴낸이 주영배
펴낸곳 도서출판 무량수
부산광역시 해운대구 센텀북대로 60, 1009호 (재송동, 센텀IS타워)
전화 051-255-5675 **팩스** 051-255-5676 **e-mail** boan21@korea.com
출판신고번호 제9-110호

ISBN 978-89-91341-47-0
값 10,000원

잘못된 책은 바꾸어 드립니다.